T. Feuerstacke/ N. Pilz/ D. Hoffmann

Computerlernspiele für Kinder - Pädagogisch wertvoll?

GRIN Verlag

Bibliografische Information der Deutschen Nationalbibliothek:

Die Deutsche Bibliothek verzeichnet diese Publikation in der Deutschen National-
bibliografie; detaillierte bibliografische Daten sind im Internet über http://dnb.d-
nb.de/ abrufbar.

Impressum:

Copyright © 2005 GRIN Verlag GmbH
Druck und Bindung: Books on Demand GmbH, Norderstedt Germany
ISBN: 978-3-638-67093-7

Dieses Buch bei GRIN:

http://www.grin.com/de/e-book/65820/computerlernspiele-fuer-kinder-paedago-
gisch-wertvoll

GRIN - Your knowledge has value

Der GRIN Verlag publiziert seit 1998 wissenschaftliche Arbeiten von Studenten, Hochschullehrern und anderen Akademikern als eBook und gedrucktes Buch. Die Verlagswebsite www.grin.com ist die ideale Plattform zur Veröffentlichung von Hausarbeiten, Abschlussarbeiten, wissenschaftlichen Aufsätzen, Dissertationen und Fachbüchern.

Besuchen Sie uns im Internet:

http://www.grin.com/

http://www.facebook.com/grincom

http://www.twitter.com/grin_com

Hausarbeit
Studium Fundamentale

Computerlernspiele für Kinder-
Edutainment
Pädagogisch wertvoll?

Tina Feuerstacke

Inhaltsverzeichnis

1. Einleitung

„ Niemals zuvor hat es so viele Möglichkeiten für Lernen und Weiterbildung gegeben,

als es sie heute gibt. Niemals zuvor gab es so viele faszinierende und beglückende Wege, wirklich erfahrungsorientiert lernen zu können.

Und von nun an, nachdem sich Entertainment und Education miteinander verbunden haben, da wird schließlich das Lernen leicht und reiner Spaß. " (zitiert aus einer Ankündigung der WORLD DIDAC im Mai 1996 in Basel)

Wenn Kinder spielen, dann identifizieren sie sich damit. Sie entdecken und erforschen, probieren und praktizieren. Die Natur des Kindes liegt im Spiel und im Lernen und entfaltet sich in diesem. In der natürlichen Entwicklung ist ein stetiger Lernprozess unaufhaltsam, es ist ein ständig währender Prozess und endet im Grunde genommen nie. Man kann niemals genug lernen, egal wie alt man ist.

Die Frage ist, ob sich die Spiele an sich, die Sicht- und Verarbeitungsweisen der heutigen Kinder, im Vergleich zu älteren Generationen, geändert haben.

Die Entwicklung der Zeit und der Technik macht auch vor den Kindern keinen Halt. Wenn manch Ältere den Umgang mit dem Computer heute erst lernen müssen, so ist dieser für die jüngeren Generationen selbstverständlich.

Seit dem Anbruch der Lernspielära ist es also für Kinder als eine Leichtigkeit und ein reines Vergnügen zu lernen. Nun ist es nicht mehr tragisch, wenn man mit den Freunden am Nachmittag nicht draußen spielen kann- nein die Kleinen lernen lieber.

Oder ist dies nur ein leicht ironisch angehauchter Werbespruch?

Es bleibt zu fragen, ob die Kinder denn sonst nicht erfahrungsorientiert lernen, oder vielleicht gar mehr als mit den Lernspielen?

Sicher ist, dass es heute mehr und vielfältigere Möglichkeiten gibt als zu früheren Zeiten, doch ob diese gleich zu runderneuerten und anders denkenden Kindern führen? Der Markt ist voll von Angeboten, alle viel versprechend und Aufsehen erregend. Doch was sind die Kriterien für ein gutes Lernspiel, was für Unterschiede herrschen vor, was sagen Pädagogen, Psychologen und Wissenschaftler dazu und was sind die Vor- und Nachteile? Wie findet man sich in dem Dschungel aus Angeboten zurecht?

All diese Fragen gilt es in der folgenden Arbeit zu beantworten. Es soll eine kleine Anregung zur kritischen Herangehensweise bieten und Unwissenden ein Leitfaden im Umgang und der Auswahl mit Lernspielen sein.

2. Einführung in die Materie – Begriffsklärung

2.1 Lernspiele

Um überhaupt über Computerlernspiele schreiben zu können, muss man sich erst einmal über die Bedeutung derselben bewusst werden.

Aus diesem Grund werden wir an dieser Stelle eine Definition nach Schanda anführen:

> *„ Lernspiele am Computer sind Programme, die auf dauerhaften Erwerb bzw.   die Anwendung von Wissen und Fähigkeiten/ Fertigkeiten abzielen. "* (Schanda, F.; 1995; Seite 64)

2.2 Edutainment

Ein weiterführender Kunstbegriff der Lernspiele ist *Edutainment* , welcher sich aus Education und Entertainment zusammensetzt, d. h. es ist eine Mischung aus reiner Anwendungssoftware und schierem Zeitvertreib. Folglich ist es zum einen erzieherisch, belehrend und lernorientiert und zum anderen unterhaltend. Edutainmentprogramme stellen somit eine spielerische Form des Lernens dar, wobei das didaktisch zugrunde liegende Konzept oft nur zweitrangig ist. Des Weiteren entfaltet sich der „heimliche Lernplan" unbemerkt während des Spiels. Daraus folgt, dass der Wissenserwerb in die Spielhandlung integriert ist und durch eine Spielsteuerung geregelt wird. Diese Spielsteuerung sorgt dafür, dass das Ziel der Lernprozedur in einem Spielmodus repräsentiert wird, sodass beispielsweise der Wissenserwerb in Verbindung z. B. mit einem Punktesystem, dem Klettern in einer Stufen- oder fiktiven Karriereleiter stattfindet.

Oft ist die Repräsentation des Wissensfortschritts eng mit dem Spielmodus verwoben, wie z. B. durch Zufalls- oder Glückskomponenten. Bei derartigen Programmen ist das Lernen nicht intentional ausgerichtet und vollzieht sich unbewusst, da für die Kinder das Spiel im Mittelpunkt steht

(vgl. Schanda, F., 1995, S. 64)

An dieser Stelle möchten wir kurz einige typische Beispiele nennen, wie Lernspiele am Computer gesteuert werden: Bearbeitet man zum Beispiel eine bestimmte Anzahl von Aufgaben oder Aufgaben mit einem hohen Schwierigkeitsgrad fehlerfrei, bekommt man bei einigen Programmen Zeit „geschenkt", d.h. man ist dadurch in der Lage, noch mehr Punkte zu sammeln, indem man noch mehr Aufgaben lösen kann. So wird also das Lernspiel durch den Zeitverbrauch im Verhältnis zur erfolgreichen Bearbeitung bestimmter Aufgaben gesteuert. (vgl. Schanda, F., 1995, S. 64)

Auch das Rückversetzen im Spielstatus bei falscher Beantwortung von Wissensfragen ist eine Steuermöglichkeit für derartige Programme. Wenn man also auf bestimmte Fragen nicht korrekt antwortet, dann geht man in ein niedrigeres Level zurück, um noch einmal die Chance zu bekommen, sich zu verbessern.

Eine letzte Steuerungsmöglichkeit soll an dieser Stelle „die Aufgabe der Komplettierung eines bestimmten Sets von erfolgreich bearbeiteten Fragen zu einem Themengebiet, die ihrerseits wiederum von einer Zufallssteuerung abhängig sind." (Schanda, F., 1995, S. 64)

Ein weiteres kennzeichnendes Merkmal für Edutainmentprogramme ist eine Verbindung von Multimedialen Anwendungen, d.h. dass Ton, Grafik, Text, Film und Animationen miteinander verbunden und ins Spielgeschehen mit einbezogen werden. Auch der Lernende kann sich interaktiv betätigen, indem er einen Einfluss auf das Spielgeschehen nehmen kann und er selbst gestaltet. Weiterhin spielt die Non-Linearität eine wichtige Rolle. In Computerlernspiele gibt es keine festgelegte Reihenfolge, wie einzelne Aspekte abgehandelt werden sollen. Der Nutzer hat freie Wahl- und Gestaltungsmöglichkeiten und kann sich frei innerhalb des Programms bewegen. Nicht zu vergessen ist die Wissensvermittlung, die durch spielerische Gestaltung erfolgt. Kinder sehen Figuren, viele Bewegungen und hören verschiedenste Töne, die die Kinder animiert das Programm zu nutzen und somit gleich lernen.

Die Aufgaben der Edutainmentprogrammen bestehen darin, dass die Gedächtnisfähigkeit trainiert wird, sowie das Kombinationsvermögen, die Experimentierfähigkeit und das Problemlösevermögen. Das Gedächtnis wird dadurch geschult, indem mehrfach Aufgaben wiederholt und geübt werden. Kindern wird überlassen, wie sie an die einzelnen Lernepisoden ran gehen, dabei können sie durch verschiedenste Wege an ihr Ziel gelangen. Sie experimentieren, versuchen einen Weg zu finden und kombinieren, um letztendlich das Problem zu lösen.

3. Formen von Edutainment-Software

Edutainmentprogramme lassen sich in unterschiedliche Formen unterteilen.
Im folgenden Abschnitt möchten wir eine kurze Abhandlung mit den wichtigsten Merkmalen
der einzelnen Formen darlegen und kritisch hinterfragen.

3.1 Teach – Tale – Tainment

Programme dieser Kategorie dienen dem Erwerb von Fähigkeiten allgemeiner Art. Die
Software hat einen unterhaltenden Charakter, wobei ein vorgegebener Lernweg lehrreiche
Informationen   offen legt. Das Kind wird hier an die Hand genommen und durch
ansprechende Animationen zum „Lernen" angeregt.
Ein Beispiel hierfür sind die „Living Books". Dies sind elektrische Bücher, die man zum
Leben erwecken kann. In Form von Erzählungen wird auf verschiedenste Interessenbereiche
eingegangen. Es existiert eine unglaubliches Angebot und eine große Fülle von Aufgaben,
wie   zum   Beispiel: Mathematik,   Musik,   Wortbildung   und   Rechtschreibung,
Gedächtnisfähigkeit, visuelle und akustische Wahrnehmung und Aufmerksamkeit und
räumliches Orientierungsvermögen und viele mehr.
Mit Hilfe dieser Programme können die Kinder ihre bisherigen Wissens- und
Kenntnisbereiche trainieren.
Ein Problem der Programme besteht darin, dass es nicht auf die Kinder und deren Fehler
eingehen kann. Hier erfolgt nur eine ständige Aufforderung zur Wiederholung.

3.2 Tooltainment

Unter dieser Form von Edutainmentprogrammen versteht man Anwendungsprogramme zur
Herstellung kreativer Objekte. Diese sind an Programme zur Herstellung autonomer Produkte
in professionellen und schulischen Kontexten angelehnt. Tooltainmentsoftware bietet den
Anwendern eine Arbeitsumgebung, sowie Werkzeuge und Hilfsmittel zur Unterstützung, um
die eigenen kreativen Ideen umsetzen zu können.

Ein Beispiel stellen die sogenannten „Creative Writer" dar. Es werden eine Arbeitsfläche und diverse Elemente zur Erstellung von verschiedenen Texten geboten. Mit etwas eigener Kreativität und Grundwissen kann man mit solchen Programmen im Freizeitbereich Texte jeder Art erstellen. Eine weitere Vorraussetzung hierfür ist sicherlich auch ein gewisses Know-how im Umgang mit dem Computer.

3.3 Infotainment

Infotainment sind unterhaltende Informationsprogramme zu interessanten Bereichen, wie zum Beispiel Dinosaurier, Sexualität, Geschichte, etc., wobei die Darstellungen multimedial verknüpft sind.

Infotainment bieten eine gute Möglichkeit für Kinder, Jugendliche und auch Erwachsene sich im eigenen Interesse mit einem Thema über den Computer vertraut zu machen. Der deutliche Sachbuchcharakter bringt die Informationen mit unterhaltenden Elementen an den Mann.

Das Motto hierbei ist „Click an Learn". Bei einer Expedition durch den breitgefächerte Themenwald kann man unterschiedliche Pfade beschreiten und mit Hilfe des Programms mehr über das Thema erfahren. Es ist also keine trockene Informationsüberflutung, d.h. man hat die Möglichkeit, selbst zu wählen und bestimmte Gebiete zu vertiefen oder auszulassen.

3.4 Simtainment

Simtainment stellen Simulationen mit spielerischer Dramaturgie zu lernrelevanten Inhalten bzw. Kenntnisbereichen dar. Themen wie Städtebau, Ameisen, Besiedlungen und viele mehr, werden hier anhand von Simulationen direkt erfahren. Man lernt also auf unmittelbarem Wege über die Anwendung. Unter vorgegebenen Gesetzen und Regeln werden reale Anwendungen simuliert.

So muss man sich bei den bekannten Sim- Serien durch den Aufbau und die Investitionen des gegebenen Themas bewähren. Der Spaßfaktor bleibt stets erhalten, wobei die Motivation und die Anstrengung oft nicht minder gefördert wird.

3.5 Skilltainment

Mit Skilltainmentprogrammen werden in unterhaltsamen Spielen allgemeine Kenntnisse und Fähigkeiten gefördert.

Die Anwender werden im spielerischen Handeln besonders in den Bereichen des kalkulatorischen und vernetzten Denkens und dem Umgang mit Unbestimmbarkeit geschult. Durch ein computergesteuertes, handelndes Gegenüber wird die Spieldynamik und die Dramaturgie erzeugt. Es entsteht ein Widerstand gegen die Intentionen des Spielers und verschiedene Taktiken kommen zum Tragen. Der Anwender konsumiert nicht nur Informationen, sondern er muss handlungsbestimmende Fähigkeiten ausbilden und anwenden. Im Mittelpunkt steht hier also das komplexe und vernetzte Denken. Bei jeder Handlung müssen ausreichend übergreifende Überlegungen angestrengt werden.

Man kann sagen, dass Skilltainments anwendungsorientierte Spiele mit historisch belegten Merkmalen sind.

„Colonization" ist eine bekannte Skilltainmentsoftware, welche auf der historischen Eroberung und Verbreitung amerikanischer Kolonisationen beruht. Der Spieler muss mit bestimmten Strategien und vorgegebenen historischen Situationen neue Kontinente entdecken, besiedeln und wirtschaftlich autark machen.

(vgl.Fritz, Jürgen;1997,Seite 106-107)

Eine häufige Fehlannahme besteht darin, dass solche Programme zum Neuerwerb von Wissen dienen und eine alternative Möglichkeit zu anderweitiger Förderung der Kinder darstellen. Ungeklärt bleibt jedoch, ob die Kinder auf lange Sicht gesehen Erfolge verbuchen können oder es nur eine kurzzeitige Beschäftigungen mit derartigen Softwares sind. Anfangs scheint der Spaßfaktor präsent und lädt das Kind auch zum Spielen ein, doch wie lange hält diese Begeisterung an?

Die Motivation der Kinder liegt in dem Wunsch nach Erfolg, doch dies gelingt auch nur, wenn das Kind die gestellten Aufgaben allein lösen kann.

Es ist zwecklos, wenn es sich um ein stupides Schemata handelt, welches nicht interagieren kann. Bei den meisten Programmen handelt es sich nicht um eine Interaktion zwischen Mensch und Computer, sonder lediglich um ein Beherrschen dessen. Letzten Endes handelt die Maschine nach den Angaben des Bedienenden. Bei Kindern ist es wichtig, speziell auf deren Lerntempo einzugehen. Eine Computersoftware kann kein Feedback geben, wie das ein

Lehrer tun kann. In einen medialbeherrschten Zeitalter ist es geradezu selbstverständlich, dass selbst Kindergartenkinder in den Grundzügen mit dem Computer umgehen können. Doch ersetzt der Computer jetzt schon den Nachhilfelehrer?

Bisher fehlen empirische Studien zur Untersuchung der Wirksamkeit der Lernspiele und Edutainmentprogramme.

Es gilt zu fragen, ob die Kinder mit dieser Software lernen oder nicht. Lernen Kinder nicht auch beim Spielen mit ihren Freunden?

Für viele Eltern mag die Verpackung der Spiele ansprechend wirken, das Problem besteht hierbei darin, dass es einer Wunschvorstellung entgegenkommt. Das Kind hat Spaß beim Lernen und tut dies beim Spielen auch noch freiwillig.

Wichtig ist, dass die Eltern diesen Prozess begleiten und vor allem schauen, was effektiv bei der Anwendung herauskommt. Die Spiele dürfen keineswegs als ein Ersatz für den vielleicht notwendigen Nachhilfelehrer und die grundbedürftigen Übungen zum laufenden Schulstoff angesehen werden.

4. Arten von Computerspielen und deren Beispiel
(nach einer Einteilung von Thomas Feibel)

Thomas Feibel, geboren 1962 in Chile, lebt in Berlin und arbeitet als freier Journalist für viele renommierte Zeitschriften (u.a. den Spiegel, die Zeit, Stiftung Warentest) und die Computerfachpresse. Neben diesen Publikationen verfasst er aber auch Kinder- und Jugendbücher, meist zum Thema „Jugendliche und elektronische Medien". Seit 2002 verleiht er den deutschen Kindersoftwarepreis „Tommi"

Für sein etabliertes Standardwerk „Der Kinder-Software-Ratgeber", welches seit 1995 jährlich erscheint, teste er selbst oft viele Stunden am Tag Computerspiele.

Nachfolgend stellen wir nun die Kategorien und Beispiele der Lernsoftware-Ratgeber von 1999 bis heute dar. Die Kritiken zu den jeweiligen Spielen des Ratgebers stammen von Lehrern und Schülern aus Deutschland, Österreich und der Schweiz, die einen Anreiz zu verschiedensten Lernsoftwares geben sollen.

1. Mathematik

Beispiel:→ Felix und die Rache der Null - Fantasy-Rollenspiel mit Übungen aus der Mathematik (Alter: 7-10 Jahre)

→ WinFunktion - Mathematik 9.0 - Das Komplettpaket für Schule und Studium (Alter: 11-19 Jahre)

- das sagt der Lehrer: „Ein gutes Werkzeug bei der Unterrichtsvorbereitung. "

- das sagt der Schüler: „Ich kann jeden Einzelschritt einer Rechenaufgabe auf den Bildschirm holen. Das finde ich äußerst hilfreich. "

2. Fremdsprachen

Beispiel:→ MultiLingua studium - Latein Grammatiktrainer (Alter: 12-99 Jahre)

→ My First English - Die Suche nach dem Uhren-Monster - Teil 3
(Alter: 9-12 Jahre)

- *das sagt der Lehrer:* „*Das multimedial hervorragend umgesetzte
Programm basiert auf solider fremdsprachendidaktischer Grundlage.
Die Übungsformen und Sprachanalyse helfen der Systematisierung
beim Selbstlernen.*"
- *das sagt der Schüler:* „*Ein super Programm mit einer tollen Story.
Damit macht es richtig Spaß, Englisch zu lernen.*"

3. Deutsch

Beispiel:→ OkiDoki - Rechtschreiben 8 (Alter: 10-16 Jahre)

→ Lesen, Hören und Verstehen mit den Muppets (Alter: 4-5 Jahre)

- *das sagt der Lehrer:* „*Für Unterrichtszwecke sind die "Muppets"
ungeeignet.*"
- *das sagt der Schüler:* „*Hier kann man ganz schön viel rumklicken.*"

4. Naturwissenschaften

Beispiel:→ Kiribatis Welt der Tiere (Alter: 5-6 Jahre)

→ Physik Mechanik - Experimentieren & Verstehen (Alter: 13-99 Jahre)

- *das sagt der Lehrer:* „*Die Software ist didaktisch gut sowie anschaulich
aufgebaut und wird medial interessant präsentiert. Damit ist sie sowohl für
das Selbststudium als auch für den Unterricht gut geeignet.*"
- *das sagt der Schüler:* „*Es macht zwar nicht sonderlich Spaß, aber es lässt
sich prima damit üben.*"

5. Erstes Klicken und Vorschule

Beispiel:→ Das fleißige Lieschen - Vorschulallerlei für junges Gemüse
(Alter: 4-8 Jahre)

→ Sesamstraße - Kindergarten - Spielerisches Lernen (Alter: 3-5 Jahre)

- *das sagt der Lehrer:* *„Didaktisch sehr schön aufbereitet. Dieses Niveau
wurde bei der mediengerechten Umsetzung leider nicht durchgehalten."*
- *das sagt der Schüler:* *„Sesamstraße macht auch auf dem Computer
Spaß."*

6. Gesellschaftswissenschaften

Beispiel:→ Wasser und Eis - Phänomene der Erde (Alter: 12-99 Jahre)

→ Papyrus - Der Fluch des Seth (Alter: 7-12 Jahre)

- *das sagt der Lehrer:* *„Diese Software hat ihren Einsatzbereich mehr in der
Freizeit. Für Unterrichtszwecke ist sie nur begrenzt verwendbar."*
- *das sagt der Schüler:* *„Ganz nett. Gut sind die Teile, bei denen man
selbst etwas machen kann."*

7. Kunst

Beispiel:→ Systhema Classics - Kuck mal Kunst! (Alter: 6-99 Jahre)

→ Der Louvre (Alter: 14-99 Jahre)

- *das sagt der Lehrer:* *„Eine einmalige Art der Präsentation. Sie lässt sich
nicht nur im Unterricht hervorragend einsetzen, sondern jedem auch nur
annähernd an Kunst Interessierten ans Herz legen."*
- *das sagt der Schüler:* *„Das ist bislang die schönste Kunst-CD-ROM, die
ich je gesehen habe."*

8. Musik

Beispiel:→ Reclams Opern CD-ROM (Alter: 13-99 Jahre)

→ Start*Klar Abenteuer Musik (Alter: 6-99 Jahre)

- *das sagt der Lehrer:* „*Ein nettes und entspanntes Programm, mit dem Kinder spielerisch ein erstes Gefühl für Melodien, Rhythmen, Klangfarben und Noten entwickeln können.*"
- *das sagt der Schüler:* „*Ich finde die Level alle gleich schwer.*"

9. Fachübergreifendes

Beispiel:→ Love Line - Eine multimediale Aufklärung (Alter: 14-99 Jahre)

→ Die schlaue Bande 3. Klasse Lernabenteuer (Alter: 8-10 Jahre)

- *das sagt der Lehrer:* „*Spannendes Lernabenteuer, das seinen Einsatzschwerpunkt im Freizeitbereich haben dürfte.*"
- *das sagt der Schüler:* „*Klasse Animationen!*"

10. Nachschlagewerke

Beispiel:→ Discovery 99 - Das große Universallexikon (Alter: 16-99 Jahre)

→ Kiribatis Kinderlexikon (Alter: 6-10 Jahre)

- *das sagt der Lehrer:* „*Außer "Mein erstes Lexikon" von Brockhaus gibt es zwar wenig Referenzwerke. Dennoch steht fest: Das ist kein Lexikon für Kinder.*"
- *das sagt der Schüler:* „*Die Spiele sind ganz cool.*"

11. Religion

Beispiel:→ Der Heilige Koran (Alter: 16-99 Jahre)

→ Spurensuche - Die Weltreligionen auf dem Weg (Alter: 10-99 Jahre)

- ***das sagt der Lehrer:*** *„Diese CD-ROM eignet sich hervorragend zur Unterrichtsvorbereitung und zur Freiarbeit. Einzelne Themen können in Form von gut strukturierten Arbeitsblättern ausgedruckt werden.“*
- ***das sagt der Schüler:*** *„Interessante Bilder und Filme vermitteln sehr anschaulich fremde Kulturen.“*

(Feibel, Thomas; www.feibel.de)

5. Ist eine Abgrenzung zwischen Edutainment und reiner Lernsoftware nötig?

Zwar kann man sowohl Edutainment als auch Lernprogramme ziemlich genau definieren, eine klare Abgrenzung dieser Beiden voneinander ist – aufgrund der fließenden Übergänge – dennoch schwierig.

Meist enthalten Lernsoftware ebenfalls wie die Edutainmentprogramme Elemente des Spiels und der Interaktion.

Trotzdem möchten wir im Folgenden einige wesentliche Unterschiede benennen: Lernsoftwares vermitteln v.a. Schul- und Faktenwissen, wobei meist ein bestimmtes Fach trainiert wird. Des Weiteren stehen bei solchen Programmen die Übungsphasen sowie die Wissensvermittlung im Vordergrund. Auch verfolgen diese Softwares genaue Lernziele, d.h. sie sind oft stark lehrplanorientiert.

Bei Edutainmentprogrammen hingegen ist der Spielanteil wesentlich größer und es erfolgt ein themenübergreifendes Lernen. Dabei erfolgt die Wissensvermittlung meist völlig ohne Druck (siehe Punkt 1).

Durch die oben angeführten Unterscheidungen, könnte man annehmen, Lernsoftwares eindeutig von Edutainmentprodukten differenzieren zu können. Theoretisch schon. Aber die eigentlichen Probleme hierbei werden erst in der Praxis deutlich. Dann meint man, es sei ein Lernspiel, weil es recht multimedial aufgebaut ist. Doch eigentlich wird es von den Experten als Lernsoftware eingestuft, weil der Spielanteil noch nicht „hoch genug" ist.

Wegen diesem oftmals fließenden Übergangs werden wir in unseren folgenden Ausführungen keine weiteren Abgrenzungen zwischen Lernsoftwares und Edutainmentprogrammen vornehmen und meinen mit „Lernsoftware" dasselbe wie zum Beispiel mit „Lernspiel" oder „Edutainmentprogramm".

Uns war es aber wichtig, an dieser Stelle zu erwähnen, dass es in Bezug auf dieses Thema zahlreiche Diskussionen gibt.

6. Die Entwicklung der Lernsoftware

Vor ca. 15 – 20 Jahren gab es lediglich drei große Kategorien auf dem Softwaremarkt: die Anwendersoftware, wie zum Beispiel „Excel" oder „Word", die Spiele, wie etwa „Day of the Tentacle" und schließlich auch die Gruppe der Lernsoftware.

Zu dieser Zeit kannte man weder CD–ROMS noch USB–Sticks. Alle Softwareprogramme waren auf Disketten untergebracht, welche eine maximale Kapazität von 1,4 MB erbrachten. Ende der 80er, Anfang der 90er eroberte dann die CD–ROM, mit immerhin 650 MB – also der in etwa 400fachen Menge einer Diskette – den deutschsprachigen Massenmarkt. Von da an wurden nun auch die Softwareprogramme für Kinder immer aufwendiger und komplexer.

„Just Grandma And Me" war eine der ersten elektronischen Bildergeschichten auf dem Markt, die vorrangig mit den Elementen des Bilderbuchs und des Hörspiels arbeitete und diese miteinander verband. Seit dem Erscheinen dieser Software hatten die Eltern nur noch wenig Bedenken, ihre Kinder bereits im Vorschulalter an den Computer zu setzen.

Zur in etwa gleichen Zeit entwickelten auch die Schulbuchverlage, wie beispielsweise der Klett–Verlag, Schroedel und Cornelsen, digitale Produkte. Deren Programme waren so aufgebaut, dass diese zum jeweiligen Schulbuch passten. Derartige Softwares kamen jedoch bei der Zielgruppe relativ schlecht an. Die Lerntitel hatten komplizierte Namen, die Inhalte waren wenig unterhaltend und überhaupt wirkten diese Programme zunächst so rein gar nicht benutzerfreundlich.

In den USA hingegen wären solche Computerprogramme schlichtweg undenkbar gewesen. Hier sorgte LOGO sowohl bei den Erwachsenen als auch bei den Kindern für Begeisterung. Dieses Spiel verstand es, sowohl die Elemente der Unterhaltung als auch genügend Elemente des Lernens miteinander zu verbinden. Des Weiteren wurde bei diesem Programm ersichtlich, dass die Amerikaner an das Thema des elektronisch gesteuerten Lernens von einer völlig anderen Perspektive ausgingen, als die Deutschen.

Mit der Einführung der CD–ROM wurden die Kinder für immer mehr Softwarehersteller die neue Zielgruppe. Gleichzeitig mussten die Eltern von den Produkten angesprochen werden, denn diese sollten die Programme für ihre Kinder kaufen. Während sich die Sprösslinge lieber GameBoy–Spiele kaufen, schauen die Eltern nach Produkten, die in möglichst hohem Grad pädagogisch wertvoll sind.

Mit der Zeit wurden auch die Kinderbuchverlage, wie Ravensburger auf den neuen Boom aufmerksam und brachten vor allem die amerikanischen Programme auf Deutsch heraus. Aber auch die Softwares aus Frankreich konnten bei uns, hauptsächlich wegen ihres schicken Designs, großen Zuspruch gewinnen. So war das französische Produkt „Addy", welcher ein Außerirdischer war, die erste Lernsoftware in Deutschland, die nur für CD–ROM entworfen wurde und als eine Lernsoftwarereihe den deutschen Markt eroberte. Diese Software vereinigte Wissen und Unterhaltung so gut in sich, dass „Addy" bis heute allein in Deutschland über eine Million mal verkauft wurde und damit den Marktführer im Bereich Edutainment darstellt.

Nach einigen Fehlversuchen bei der Entwicklung von Lernsoftware und nach genauen Marktanalysen wissen die Hersteller heute, wie man ein gutes Lernprogramm schafft, damit es bei der „Zielgruppe Eltern" ankommt. Ob diese jedoch auch für die eigentliche Zielgruppe, nämlich die Kinder, so pädagogisch wertvoll sind, wie auf der Verpackung oft angepriesen wird, bleibt fraglich.

Zwar steht fest, dass Lernsoftware eine der spannendsten Alternativen für Bücher oder Nachhilfelehrer darstellt; Trotzdem muss unserer Meinung nach klar und deutlich hervorgehoben werden, dass derartige Lernprogramme aus einem schlechten Schüler keinen Einser–Schüler machen. Diese Softwares sind größtenteils so konzipiert, dass sie sich auf den Durchschnittsschüler konzentrieren.

Unser Fazit lautet also: Lernsoftware motiviert zwar den Schüler, kann ihn aber bei wirklichen Lernproblemen nicht weiterhelfen.

7. Kriterien für eine gute Lernsoftware

Um überhaupt von einem guten Computerlernspiel sprechen zu können, muss man einige Kriterien beachten. Dieser Kriterienkatalog basiert auf dem IPN-Beurteilungsbogen, welcher von einer Arbeitsgruppe am „Institut für die Pädagogik der Naturwissenschaften" (IPN) entwickelt wurde und weitgehend fach- und schultypenunabhängig ist. (Lauterbach, R.,1987, Bewertung pädagogischer Software)

Diese möchten wir nun im Folgenden anführen:

Zu aller erst sollte das Programm leicht zu installieren sein und eine gute Einführung in das Geschehen geben, wobei gleich das eigentliche Aufgabenziel deutlich gemacht werden sollte. Die Bedienbarkeit sollte stets leicht sein, wobei die Texte verständlich und in großer Schrift dargestellt werden sollten. Weiterhin sollte eine gute Lernsoftware neben einer motivierenden, kindgemäßen Aufmachung über ein breites inhaltliches Angebot verfügen. Die Lehrer bzw. die Eltern sollten die Möglichkeit haben, eigene Aufgaben und Übungsreihen zum Programm zu erstellen. Dabei sollten solche Softwares mehr als einen Lösungsweg zulassen und keinen schematischen und homogenen Ablauf aufweisen. Die Lernprogramme sollten zeitlich variabel sein und sich somit sowohl für kürzere als auch für längere Lernphasen eignen.

Während der Aufgabenbearbeitung sollte das Computerlernspiel durch Einbeziehung von Elementen des Spiels für die nötige Unterhaltung sorgen und dadurch dem Kind eine gewisse Motivation zum Weiterlernen geben. Zusätzlich muss das Programm das richtige Maß an Hilfestellungen geben können. Diese sollten so sein, dass der Schüler noch selbst die Chance bekommt, die richtige Lösung zu erkennen. Eine gute Spielanleitung, in welcher weitere Lösungshinweise enthalten sind, darf auch nicht fehlen.

Das Lernprogramm sollte „merken", wenn ein Kind Probleme mit den Aufgaben hat, d.h. wenn die Aufgabenanforderungen zu hoch sind. Dann muss sich der Schwierigkeitsgrad automatisch den Lernfortschritten des Schüler anpassen. Auch muss die Schwierigkeitsstufe durch den Schüler bzw. den Lehrer frei wählbar sein, damit der Lerner die Möglichkeit bekommt, auf seinem individuellen Niveau lernen zu können. Zur weiteren Motivation sollte der Lernfortschritt des Kindes vom Programm dokumentiert werden, zum Beispiel in einer High Score-Liste, wo es fortwährend sieht, wie es sich stetig verbessert. Des Weiteren sollten die Leistungsrückmeldungen sachlich und motivierend wirken. Auch die Fehler des Lerners müssen verständlich und nachvollziehbar erläutert werden, um einer Demotivation des Schülers entgegen zu wirken.

Eine sehr wichtige Frage ist unserer Meinung nach, ob das jeweilige Programm auch die Zusammenarbeit zwischen den Schülern fördert, also ob sie sich untereinander austauschen können. Denn Bildung ist immer ein Prozess der Interaktion zwischen Menschen.

Weiterhin dürfen die Kinder durch eine solche Lernsoftware keinesfalls unter Druck gesetzt werden, d.h. ein geordneter Ausstieg aus dem Programm sollte jederzeit möglich sein, wenn das Kind die Lernphase beenden möchte.

Abschließend ist es noch wichtig zu erwähnen, dass die Software stets auf bereits erworbenes Wissen zurückgreifen muss, um einerseits eine gewisse Sicherheit im jeweiligen Stoffgebiet zu erreichen und somit auch eine Wissensfestigung zu gewährleisten und andererseits, um die nötige Motivation des Kindes aufrecht zu erhalten, indem es Erfolgserlebnisse hat.

Die Kriterien dieses IPN-Beurteilungsbogens sind ziemlich allgemein gehalten. Für den Lehrer wäre sicherlich ein Instrument, welches spezifischer auf die jeweils zu unterrichtende Klassenstufe angepasst ist, interessanter.

Allerdings gibt es kaum ein Computerlernspiel, dass all diesen genannten Punkten entspricht. Wer eine solch perfekte Software sucht, wird sich vermutlich die Füße wund laufen. Denn ein derartiger Idealfall ist von den Herstellern kaum realisierbar, da die Entwicklung der Computertechnik zu schnell voran schreitet.

Es bleibt als keine Zeit, die Spiele monatelang auf Tauglichkeit in den schulen zu testen, um deren Verbesserungsvorschläge schließlich ins Programm einzuarbeiten. Würden die Hersteller derartige Prozeduren vollziehen, könnten sie auf dem schnelllebigen Softwaremarkt einpacken. Sie könnten mit der Konkurrenz, welche dann schon wochenlang dabei wäre, ihre weniger vielfältig getestete Ware unter die Leute zu bringen, einfach nicht mithalten.

Also muss jeder für sich entscheiden, wo er Abstriche machen kann und welche Punkte das Spiel unbedingt erfüllen muss. Leider ist es oft so, dass die Covers und Prospekte meist mehr versprechen, als das, was wirklich „drin" ist.

8. Highscore mit Wissenshelferlein statt Büffeln mit Rohrstab?
– Meinungen zum Thema „Edutainment" –

Auf den ersten Blick scheint Multimedia das zu bieten, wovon jeder Schüler träumt, nämlich die mühelose Aneignung von Wissen. Doch hält Lernsoftware auch wirklich das, was ihre Macher versprechen? Dies wird uns auf den nächsten Seiten beschäftigen.

„Um die wichtige Frage, wie Medien auf das menschliche Verhalten wirken, eindeutig zu beantworten, fehlen einfach entsprechende Langzeitstudien" sagt Manfred Jerusalem, Referent für Medien im Bildungswesen beim Sekretariat der Kultusministerkonferenz in Bonn. An einigen durchgeführten Untersuchungen lässt sich bisher nur zeigen, dass man mit den neuen Medien zwar schneller lernt, da die Lernmotivation durch multimediales Lernen ansteigt, das Gelernte jedoch nicht lange im Gedächtnis behält.

Prof. Dr. Alf Zimmer, Psychologe an der Universität Regensburg, hält aber gerade dies für den Hauptvorteil von Edutainmentsoftware. Die Lernenden wählen bewusst eine Aufgabe, die von ihnen als „langweiliges" Lernen eingestuft wurde, zum Beispiel Vokabellernen. Sie lernen daher zunächst lieber und dadurch auch schneller. Jedoch *„unterscheiden sich die Gedächtnis- und Wissensprozesse langfristig nicht von denen, die durch herkömmliches Lernen erreicht werden"*, so Zimmer.

Wissenschaftler und Pädagogen raten daher eher zur Vorsicht. Man darf die Lernenden nicht mit zu viel Technik konfrontieren, denn *„Edutainment führt wahrscheinlich nur so lange zu einer Vergrößerung der Masse an Informationen, wie dies mühelos geschieht"* (Prof. Dr. Alf Zimmer). Gerade bei Lernsoftware für Kinder der unteren Schulklassen stellt dies die größte Herausforderung für die Macher der Spiele dar. Die Kinder müssen nämlich erst lernen mit dem Computer umzugehen, bevor sie sich dem Inhalt der Software widmen können, d.h. es muss genügend stabile Wissensstruktur vorgegeben sein, um Erfolg zu erzielen.

Dies beweist auch das amerikanische Projekt „Headstart" in welchem Methoden entwickelt wurden, um die Bildungsdefizite bestimmter Bevölkerungsgruppen zu kompensieren. Man stellte fest, dass Computergestützter Unterricht und Edutainment-Software tatsächlich zu einer Verbesserung der Lerneffektivität führte, allerdings nur bei den Schülern, welche vorher schon besser als der Rest der untersuchten Gruppe waren. Somit zeigt sich, dass gerade die, die durch Hilfe der Software ihr Wissen erweitern sollten, am wenigsten davon profitieren.

Daher hält Zimmer Lernspiele für Kleinkinder (im Vorschulalter) für Zeitverschwendung. Die Kleinkinder werden kaum Erfolg in der Aneignung echten Wissens haben, die Spiele sind für sie eher als Spaß gedacht.

Viel versprechend hält er jedoch Programme, bei denen der Lernende selbständig, aktiv und selbst explorierend mit Informationen umgeht, wie es beispielsweise bei Tutorensysteme der Fall ist. Hier kann der Nutzer das System frei erforschen und dabei eigene Erfahrungen sammeln, welche nicht an einen vom Spiel vorgegebenen Handlungsstrang gebunden sind. Jedoch sind diese Programme folglich nicht für Kleinkinder geeignet, sondern für Schüler der oberen Klassen und Studenten.

Eine weitere Meinung vertritt Prof. Friedrich Nake, Informatiker an der Universität Bremen. Er warnt vor einer *„McDonaldisierung des Wissens"*, also davor, dass durch die Edutainment-Software jeder den Eindruck erhält, alles lernen zu können. *„Wissen kommt nicht aus Büchern und auch nicht aus dem Internet. Wissen muss man selbst schaffen, und mich ergreift ein Gefühl der Trauer über die McDonaldisierung des Wissens"*, so Nake, *„Multimediale Lehre machen zu wollen halte ich nicht für besonders witzig, jedoch auch nicht für schädlich, eher für belanglos."* Er betont die Notwendigkeit guter Lehre, alle anderen Mittel – wie auch Edutainment – sind dem untergeordnet. Das Geld welches für die Herstellung von Lernsoftware ausgegeben wird, sollte laut Nake eher für die Aus- und Weiterbildung fähiger Lehrer verwendet werden.

Dem entgegen hält Michael Drabe, Leiter der Koordinationsstelle von Schulen ans Netz e.V. in Bonn, dass der wohlüberlegte Einsatz neuer Medien (sowie in der Schule als auch zu Hause) eher als Chance, denn als Gefährdungspotential für die Autorität der Lehrerschaft verstanden werden sollte.

(Grote,A; http://www.heise.de/ct/schan/9816146/)

Sogar Al Gore (amerikanischer Politiker) und Bill Gates (Gründer der Microsoft Organisation) vertreten die Meinung, dass der neue Bildungsnotstand durch Medien-Evolution gelöst werden kann. Edutainment bzw. Computerspiele allgemein wirken dabei mit, dass sich Lernen, Denken und Handeln tief greifend verändern.

Fest steht, dass Edutainment sich keinesfalls schädlich auf das Lernen eines Schülers auswirkt, solange die konventionelle Schule noch den Mittelpunkt des Erlernens bildet und Lernsoftware nur zur Wiederholung oder als spaßiger Zeitvertreib genutzt wird.

Willi van Lück von „Medienpädagogik Online" weiß jedoch auch, dass *„in der ‚Schule der Zukunft' die Qualität des Lernens gesteigert werden muss"*. Dazu gehört auch, Lernsoftware weiterzuentwickeln und so zu verbessern, dass Schüler durch Verwendung der Software „wirklich" etwas lernen können. *„Medial unterstützt, kann das Kommunikations-, das Lern-, Problemlöse- und Verstehensvermögen der Menschen verbessert werden."*

Neben der konventionellen Schule muss den Schülern zukünftig auch zu Hause ein System zur Verfügung stehen, um ihre Wissenserweiterung zu gewährleisten, da die nachfolgenden Generationen in allen ihren Dimensionen zunehmend schneller und dynamischer werden und mehr von den Schülern erwartet wird. Hierzu eignet sich Edutainment-Software geradezu ideal, da sie neben Wissenserwerb auch Spiel und Spaß bietet und dies gerade Kinder anspricht.

Um dies zu gewährleisten muss die Edutainment-Software jedoch noch weiterentwickelt werden, denn *„Töne, bunte Bilder und Trallala-Geschichten bewirken von sich selbst aus kein Lernen"*, so van Lück. Auch werden die durch die Software hergestellten virtuellen Welten mit den Fernsinnen – dem Hören und Sehen – erfasst. Die Nahsinne (Tasten, Geschmack, Geruch) werden nicht gefordert.

Die Frage ist also, wie Computerspiele aufgebaut sein müssen, um durch verändertes Lernen (Lernen kombiniert mit Spielen) auch eine Steigerung der Qualität des eigenständigen Lernens und der Wissenserweiterung zu liefern.

Bisher ist es noch keiner Studie gelungen (vielleicht auch weil es einfach noch zu wenige Studien und auch kaum Langzeitstudien gibt) zu beweisen, dass die heutzutage auf dem Markt erwerbbare Edutainment-Software dauerhaften Lernerfolg bringt. Jedoch widerspricht aber auch keine Studie dem Fakt, dass diese Übe-Methode nicht schadet und manchmal sogar kurzfristig hilft.

Daher möchten wir nun fünf Typen von weit verbreiteten Erfolgsmeldungen darstellen, die van Lück immer wieder aus Befragungen von Nutzern von Lernsoftware zu hören bekommen hat:

1. „Es macht Spaß" – der Spaß, der beim Spielen der Edutainmentprogramme entsteht, bezieht sich allerdings gerade bei jüngeren Schülern eher auf das neuartige Gerät (Computer) und nicht auf die Software. Trotzdem wird durch den Spaß der Spiele die Motivation zur Lernbereitschaft (wenn auch nur kurzfristig) erhöht.

2. „Kurzfristig hilft es" – bereits in den 60er und 70er Jahren wurden Studien durchgeführt, welche beweisen, dass ein Schüler einen Test meist sehr erfolgreich besteht, wenn dieser Test unmittelbar nach dem Durcharbeiten eines Lernprogramms stattfindet. Ein Wiederholungstest nach kurzer Zeit zeigt jedoch, dass das angeblich erworbene Wissen nicht mehr vorhanden ist.

3. „Das Programm schimpft und straft nicht" – Edutainment-Software hat den Vorteil, dass Schüler, die negative Lernerfahrungen mit Lehrenden gemacht haben, oft lieber und gerne mit Edutainment-Programmen arbeiten, da diese „geduldig" sind und nicht schimpfen wenn etwas nicht richtig gemacht wurde und dem Schüler wieder Vertrauen in seine eigne Leistungsfähigkeit geben.

4. „Computerprogramme sind eine brauchbare Hilfe beim Üben" – als Begleitung zum Unterricht können Edutainment-Programme „langweilige" Schulbücher ersetzten und die Schüler im wahrsten Sinne des Wortes zum Lernen animieren.

5. „Edutainment-Programme versprechen ein leichteres und vergnügteres Lernen als das herkömmliche Lernen aus Büchern" – Schüler, die sonst nicht gerne Lernen, werden durch die Software sozusagen überlistet. Es wird ihnen vorgemacht sie spielen „nur" ein Computerspiel, doch der positive Nebeneffekt ist hierbei, dass sie zusätzlich noch etwas lernen.

(van Lück, Willi, 1994)

Wie bereits erwähnt, gibt es auf dem heutigen Markt kaum Edutainment-Software, welche den hohen Anforderungen der Pädagogen entsprechen und welche den Lernenden helfen, reales Wissen anzueignen und sie beim Lernen unterstützen. *„Zur Unterstützung eines qualitätsvolleren Lernens gibt es unter den angebotenen Neuen Medien nur wenige, die mit „beispielhaft" bewertet worden sind. In absoluten Zahlen sind dies nur ganz wenige und bezogen auf die Gesamtmasse höchstens 4%"* so van Lück.

Daher ist es nun die wichtigste Aufgabe der Pädagogik, konkrete Modelle für den kompetenten und mündigen Umgang der Kinder mit dem Computer zu entwickeln, da PC-Spiele nicht mehr aus dem kindlichen Alltag wegzudenken sind.

Das traditionelle Schulsystem kann auf gar keinen Fall revolutioniert oder gar abgeschafft werden, der Schwerpunkt der Wissensaneignung sollte dort stattfinden, doch können Edutainmentprogramme eine Bereicherung für Lern- und Spielfreudige sein. Das Motto dazu lautet: Spielerisches Lernen!

9. Vor- und Nachteile von Computerlernspielen

Heiß her geht es auf dem heutigen Markt der unterhaltsamen Computer Software. Multimedia, die sowohl „unterhaltsam" als auch „lehrreich" sein sollen und daher zwischen der „reinen" Anwendung und „purer" Unterhaltung stehen, zwischen Computerspielen und Schulbezogenen Lernprogrammen.

Wie auch schon im Abschnitt 5 erwähnt wurde, hat sich der Markt seit der Erfindung der CD-Rom im Jahre 1985 drastische verändert. Software-Produkte konnten hergestellt werden, die Text, Bild, Ton, Sprach und Filminformationen in eine ansprechende Programmstruktur einbinden. So entwickelten sich auch die Computerspiele und Computerlernprogramme- immer mehr Grafiken, Animationen, Simulationen und Spielelemente kamen hinzu. Hersteller versuchen mit viel Aufwand beides unter einen Hut zubekommen- auf der einen Seite der Spielgehalt und auf der anderen Seite das Lernen. Doch viele verzichten darauf, die eigentlichen Ziele herauszustellen oder zu explizieren, so dass der Lerneffekt eher unverbindlich und locker erscheint. Es besteht somit „eine große Gefahr, das ihr „Education"- Anteil zur Unterhaltung wird oder lediglich als Kaufimpuls (für Eltern) missbraucht wird". (Fritz,Jürgen;1997,S.106) Da die Hersteller auf Profit aus sind, versuchen sie die Edutainment Produkte sehr kindergerecht zu gestalten und dies bedeutet viel unterhaltsame Elemente, lustige Zeichentrickfolgen und wenig Lernaufgaben, so dass ihre Programme auch Abnutz finden.

Die Wirksamkeit bleibt immer noch die Frage. Tragen Computerspiele dazu bei, dass bestimmte Erziehungsziele erreicht werden können? Wenn ja welche sind dies? Tragen sie trotz des hohen Aufwandes an der Gestaltung der CD-Rom oder des Produktes bei, dass Kinder lernen? Sind sie denn wirklich so wirksam, wie die Hersteller es versprechen? Unterstützen solche Programme die Kinder beim Lernen und beim Besser werden in der Schule?

Es werden Debatten, Diskussionen sowohl unter Lehrern, Eltern und auch Politkern geführt, wie man es Kindern einfacher machen kann zu lernen. Bringen Computerlernspiele wirklich den großen Nutzen, oder sollten sie nicht doch lieber bei Seite gerückt werden und der Lehrer, wie auch schon Früher, im Mittelpunkt bleiben.

Auch ohne Computer und Medien hat es damals funktioniert, dass Kinder in der Schule lernen und später einen ordentlichen Beruf ausüben konnten. Sprechen wir uns nun Für oder Gegen Computerspiele oder auch Edutainment aus? Viele Fragen, die uns vielleicht keiner beantworten kann. Professoren und Wissenschaftler und auch Studentengruppen versuchten anhand von Studien herauszufinden, ob Computerlernprogramme fördernd sind, haben aber meist nur Antworten, wo wiederum ein Fragezeichen dahinter steht. Aufgrund dessen haben auch wir versucht uns damit auseinanderzusetzen, indem wir im folgenden Vor- und Nachteile auflisten, die aus Untersuchungen stammen.

9.1 Vorteile

Die Betrachtung der Vorteile der Computerlernspiele ist ein sehr wichtiges Kriterium. Dabei haben wir viele Bücher gewälzt und im Internet gesurft und sind letztendlich auf einer Seite stehen geblieben, die uns einige plausible Vorteile auflisten konnten. Uns ist zwar bekannt, dass das Internet nicht wirklich wissenschaftliche Fakten liefert, aber auch verschiedene Literaturen lieferten uns keine fundierten Argumente. Die Seite www.lernsoftware.de basiert auf der Lern Welt-Testdatenbank, die mit über 2.500 Programmen ausgestattet ist. Man findet Presserezensionen, Erfahrungen anderer Projekte und eigene Produkttests des deutschen Lernsoftwaremarkts der letzten Jahre und deswegen unserer Meinung nach wissenschaftlich gut. Natürlich sollte man alle Fakten kritisch betrachten, was wir anschließend nach der Auflistung der Vorteile und Nachteilt tun werden.

Computerlernspiele sind sowie für Kinder als auch Eltern eine Unterstützung für das Lernen. Für die Eltern jedoch kann man sagen, dass sie durch solche Programme teils entlastet werden, was ein erster Vorteil wäre. Kinder sind oft alleine zu Hause oder meistens beim Lernen auf sich allein gestellt, da Mutti und Vati entweder auf Arbeit sind oder nicht genügend Zeit haben. Auch ist der Unterrichtsstoff für die heutigen Erwachsenen viel zu komplex geworden- Eltern kennen sich oft nicht mehr aus und können dem Kind nicht mehr weiterhelfen. Nach „Lernsoftware.de" soll ein Lernprogramm die Lösung sein, es kennt die richtigen Regeln, weiß die richtigen Antworten, bietet einen strukturierten Ablauf des Stoffes an und entspricht dem Niveau des Schülers. Auch erklären solche Programme die Inhalte und führen den Schüler durch den Stoff. Der Schüler kann somit selbständig arbeiten, ohne, dass die Eltern die Kinder ständig beim Lernen beaufsichtigen müssen.

Ein weiteres Argument, was für Computerlernspiele spricht, ist der Gewinn von Sicherheit und Routine, als auch das Einstellen eines individuellen Lerntempos.

Der Lernende kann so viel üben, trainieren und wiederholen, bis er selber mit dem Stoff vertraut ist und sich sicher fühlt. Die Geschwindigkeit als auch der Umfang der Unterstützung beim Üben kann selbst bestimmt werden. Der Einsatz der Lernsoftware wird somit als effektive Arbeitssituation erlebt, da ein Lernerfolg schon nach kurzer Zeit durch sichere und schnellere Lösung der Aufgaben spürbar ist. Im Gegensatz dazu können Kinder in der Schule oft wenig aktiv werden, da Lehrer aufgrund der Klassengröße und der Zeitbeschränkung nur wenig Möglichkeiten haben den Kindern entsprechende Rückmeldungen zu geben. Ebenso spielt dann das Lerntempo eine wichtige Rolle- es gibt Kinder die schnell voran kommen und Kinder, die ihre Zeit benötigen und oft Fragen offen bleiben und somit nicht hinterher kommen. Der Lehrer kann sich nicht immer an den Schwächsten orientieren und gibt somit ein Lerntempo vor, wobei jeder Abstriche machen muss, was jedoch für manche Schüler fatal werden kann. Nach „Lernsoftware.de" kann der Schüler bei den Lernprogrammen das Tempo selber bestimmen, es kann aufgearbeitet oder weitergelernt werden, so oft man möchte, ohne dass das Gefühl entsteht, als Langsam oder als Streber zu gelten. Somit kommen wir auch gleich zu dem nächsten Punkt: Angst und Peinlichkeit entfallen bei einem Lernprogramm, da Fehler zwar erkannt werden, aber nicht die Person subjektiv bewertet wird. Es entstehen keine peinlichen Situationen, wenn man zum Beispiel die Frage im Unterricht nicht weiß und sich eventuell blamiert, was Schüler zurückhalten kann trotzdem weiter zumachen oder auch besser zu werden. Kinder lernen mit Lernprogrammen ohne Stress und können sich auf den Stoff konzentrieren.

Ein weiterer wichtiger Fakt ist, dass solche Programme neue Lernmöglichkeiten bieten, was wir auch als einen sehr wichtigen Punkt empfinden, doch mehr von unserer Seite später. Es erfolgen mehrdimensionale Zugänge zu den Inhalten. Außer dem Lesen oder Hören, wird die Kombination von einer Vielzahl an Mitteln herangezogen, um fast alle Sinne des Lernenden anzusprechen und das Lernen somit zu erleichtern. Bilder, Videos, gesprochene Informationen, Texte und Zeichentrick werden auf eine bestimmte Art und Weise abgestimmt, so dass dem Lerner eigene Handlungsmöglichkeiten eröffnet werden und der Lernreiz gesteigert wird. Dabei gibt man Antworten, ergänzt, wählt aus und fragt nach, so dass auch hier wieder der Schüler rundum betreut wird.

Abschließend möchten wir auf das Argument „die Lernsoftware ist immer verfügbar" eingehen. Da es ein Computerlernspiel ist und in jeden Computer passt, ist es immer anwendbar und verfügbar. Ist Lust, Laune und Zeit vorhanden, so kann sich der Schüler an den Computer setzen und loslegen. Auch wenn ein Problem bei den Hausaufgaben besteht und man unbedingt die Lösung finden möchte, kann man sich die Lernsoftware-entsprechend- rausholen und schauen, ob eine Hilfestellung gegeben werden kann. Im Nachhilfeunterricht dagegen kann der Lernende nicht frei entscheiden, wann und wo jetzt gelernt wird. Bei den Programmen entscheidet er selber wann, wo und wie oft Sequenzen wiederholt werden. Der Computer ist stets gleich motiviert, präzise und geduldig.

9.2 Nachteile

Wenn es um die Nachteile geht wird es ein wenig schwieriger, da Hersteller ihre Produkte verkaufen wollen und somit nur positive Aspekte ihrer Produkte darlegen. Aufgrund dessen, dass nur wenige Studien vorhanden sind, konnten wir nur einige Meinungen über die Nachteile finden. Jeder Wissenschaftler hat einen eigenen Standpunkt, sowie Pädagogen, Eltern und auch wir. Im Abschnitt 7 wurden teils schon einige Nachteile von Wissenschaftlern und Pädagogen angegeben.

Nachteile werden unter anderem darin gesehen, dass der Lerner erst lernen muss, mit den verschiedenen Publikationsformen (Medien) umzugehen. Der Umgang mit der Maus, Tastatur und den verschiedensten Menüs im Computer ist nicht leicht zu erlernen. Vor allem für Vorschulkinder nicht. Weiterhin findet man zu wenig Qualitätsprodukte auf dem Markt- nicht jedes Produkt wurde auf ihre pädagogische Tauglichkeit geprüft und kann deswegen nicht zugesichert werden, dass es dem Kind beim Lernen hilft. Ein weiterer wichtiger Punkt ist, dass viele Pädagogen sich mit dem Medium oft nicht auskennen. Viele wollen sich von dem Computer fernhalten, da sie erstens nicht mit der ganzen modernen Technik zurecht kommen und auch wollen und zweitens ihre eigenen Lernmethoden bevorzugen, da sie diese als effektiver ansehen. Ich selber habe dies schon oft gehört, meine Mutter ist Lehrerin und kann den Computer überhaupt nicht leiden, sowie auch viele andere Lehrer. Ein Nachteil wird auch darin gesehen, das Kinder durch den Computer sich sozial vollkommen isolieren, da Schulen nach wie vor der wichtigste Orte sind, an dem soziale Kontakte geknüpft werden.

Der Computer wird für das Kind immer wichtiger, da es Spaß und Freude daran hat- viele Farben, Töne, Spiele und Animationen, was die Kinder dazu animiert immer wieder sich an den Computer zu setzen.

Zum Schluss ist zu erwähnen, dass die Präsentation der Lerninhalte oft von technischen und nicht von didaktischen Faktoren bestimmt wird, was so viel bedeutet, dass Kinder vom Lernen abgehalten werden.

9.3 Kritische Betrachtung aller Seiten

Betrachte wir nun diese ganzen Vorteile ist dies das Ideale, was für ein Computerlernspiel auftreten kann. Und das wird wahrscheinlich kaum oder selten sein, denn nicht jedes Detail kann beachtet werden. Jedes Elternteil sollte daher für sich selber entscheiden, was für ihr Kind gut oder auch nicht geeignet ist. Natürlich können Eltern dadurch entlastet werden, indem sie ihre Kinder vor den Computer setzen. Doch ist dies nicht ein Abschieben? Nur weil die Eltern zu faul sind, sollen die Kinder mit dem Computer lernen? Das ist nicht richtig. Eltern sollten mit ihren Kindern zusammen lernen und sie dabei unterstützen. Auch wenn der Stoff immer komplexer wird, es gibt heutzutage viele Bücher und Lernhilfen, womit sich Eltern mit ihren Kindern auseinandersetzen können, um dann eine Lösung zu finden. Das Computerlernprogramm dient unserer Meinung nach nur als zusätzliche Unterstützung und sollte nicht alleine als Lernmittel genutzt werden. Nur wenn das Kind in dem Stoff eine gewisse Sicherheit vorweist, kann es sich an den Computer setzen und mit dem Spiel weiter üben und trainieren. Das Gewinnen von Sicherheit und Routine kann der Lernende auch nur dann erhalten, wenn er den Stoff im gröbsten drauf hat und gut damit umgehen kann. Durch Üben am Computer kann der Stoff verstärkt und verbessert werden. Dass die Lernsoftware immer zur Verfügung steht ist keine Frage, aber funktioniert der Computer immer, kann das Lernspiel genutzt werden, wenn man unterwegs im Urlaub ist...? Hier betrachtet man wieder Vor- und Nachteile-. Das Computerlernspiel ist immer vorhanden und das Kind kann üben wenn es will, oder wenn es etwas nachschauen möchte. Im Urlaub dagegen könnte man andere Dinge zum Lernen nutzen, wie zum Beispiel die Eltern oder Lehrbücher. Sehr interessant fanden wir das Vorteil „Neue Lernmöglichkeiten" – durch verschiedenste Techniken werden alle Sinne angesprochen, was den Kindern noch mehr Spaß bereitet. Sie können sich schneller an animierte Dinge erinnern und der Umgang mit dem Lernstoff wird erleichtert. Da stimmen wir vollkommen zu, aber lernen die Kinder dadurch mehr oder werden sie nur mehr vom Lernen abgelenkt?

Wir denken für die Kinder ist es was tolles, denn es bringt Abwechslung und ist etwas anderes, als immer nur, wie in der Schule, mit dem Lehrbuch zu arbeiten. Betrachtet man jedoch die andere Seite, kann es fatal beim Lernen werden- den Kindern gefallen die Farben, die Töne und die Trickfiguren und konzentrieren sich weniger auf das Eigentliche- das Lernen. So finden wir, wie auch schon einmal erwähnt, dass Kinder Lernprogramme als Zusätzliches nutzen sollten.

Eine Studie in Amerika „Computer versus Lecture Presentations for Children's Comprehension of Educational Material"- die von dem psychologischen Department in der Georgetown Universität durchgeführt wurde zeigte, dass Kinder zwischen 2 und 5 Jahren, die mit einem Lernprogramm arbeiteten bessere Ergebnisse aufweisen konnten, als die Kinder mit der traditionellen Lehrweise.

Kinder, die mit dem Lernprogramm arbeiteten verstanden zu 90% die Inhalte, dagegen die andere Gruppe, mit nur 69%. (Sandra L. Calvert: http://www.morphonix.com/software/education/science/ brain/game/brain_education_research.html)

Wissenschaftler dagegen, wie zum Beispiel Mike Sharples, Professor für Educational Technology an der Universität Birmingham, fanden bei Tests in Amerika heraus, dass 13-jährige, welche Lernprogramme benutzen, schlechtere Resultate in der Schule erbrachten, als die, die keine benutzten. Auf der anderen Seite jedoch ergab sich, dass jüngere Leute, die einen Computer benutzen, bessere wissenschaftliche Ergebnisse erreichen. Die Resultate ergaben, dass es zwischen Datenverarbeitung und Simulationen am Computer nur positive Zusammenhänge gab. Bei Lernspielen konnte dies jedoch nicht nachgewiesen werden. Prof. Sharples sagte dennoch, dass wir darauf achten sollten, dass Computerlernspiele ganz unterschiedliche Qualitäten aufweisen und deshalb nicht einfach zu vereinheitlichen sind. (Professor Sharples:http://news.bbc.co.uk/)

Nach der KIM-Studie (2002) ist der Wunsch der Schüler, in der Schule häufiger mit dem Computer zu arbeiten und zu lernen gestiegen. Spaß und Lust am Computer wird auch nur erhalten, wenn die Software und die Programme kindgerecht und pädagogisch wertvoll sind. Die Frage ist nun wiederum- welche Software nutze ich, so dass Kinder auch lernen? Die Auswahl ist heutzutage so groß und deshalb für Lehrer auch sehr verwirrend. Lehrer müssen in der Kürze zwischen qualitativ hochwertiger und untauglicher Lernsoftware unterscheiden können. Gar nicht so einfach, denn es brauch genaue Beobachtungen, um wirklich zu beurteilen ob es gut oder schlecht ist und ob es auch in den derzeit behandelnden Unterrichtsstoff hinein passt. Dies bedarf viel Zeit, die Lehrer neben der Unterrichtsvorbereitung nicht aufwenden können. Nach Kandler (2002) bleibt das methodisch-didaktisch Machbare bei Computerlernspielen weit hinter den Erwartungen zurück. Man sollte sich daher Gedanken machen, in welcher Form das Lehren und Lernen am Computer stattfinden sollte. Eine mögliche Variante wäre, dass Lehrende selber eine Lernsoftware herstellen. Hört sich für den Anfang vielleicht kompliziert an, aber mithilfe eines Autorenprogramms, zum Beispiel Mediator, schnell umzusetzen. Der Lehrende kann selber bestimmen, welche Themen einbezogen werden, er kann sich direkt an den Unterrichtsstoff orientieren und kann somit selber ein passendes Programm mit Spielelementen entwickeln.

Eine andere Möglichkeit gibt ein Softwareratgeber von Thomas Feibel. Nach Aufenanger, Professor für Medienpädagogik an der Universität Hamburg, ist er ein Ratgeber, der Empfehlungen gibt, die für Kinder wie für Eltern verständlich sind und Orientierungen für die Auswahl von Computerlernprogrammen geben.

10. Zusammenfassung

Insgesamt gesehen kann man sagen, dass multimediale Lern- und Überprogramme sowie Edutainmentsoftware „alter Wein in neuen Schläuchen" sind. Zwar erscheinen die meisten Computerlernspiele technisch brillant, doch häufig wurden sie zum größten Teil lediglich multimedial herausgeputzt und bleiben deshalb immer noch, was sie sind: nämlich einfach nur Programme. (vgl. Papert, 1994).

Es gilt also: Allen euphorischen Marktprognosen zum Trotz bleibt Skepsis angebracht, denn die Produkte auf dem Softwaremarkt versprechen in der Regel mehr, als sie halten können.

In der Schule bleiben derartige Edutainmentsoftwares künftig erst einmal noch eine Randerscheinung. Die Lehrerinnen und Lehrer bevorzugen weiterhin eher inhaltsneutrale Werkzeuge für ihren Unterricht. Des Weiteren haben wir im Verlauf unserer Recherchen erfahren, dass nur die wenigsten Lernspiele speziell an den jeweiligen Lehrplan angelehnt sind. So kann man von den meisten Edutainmentprodukten und Lernsoftwares nur abraten, da sie für die Kinder dadurch nur wenig von Nutzen sind.

Zwar mag ein solches Produkt durch das Cover meist pädagogisch wertvoll erscheinen, doch die inhaltliche Qualität ist nicht selten nur sehr bescheiden. Auch sind derartige Lernspiele extrem kostenintensiv. Also sollte man lieber zweimal überlegen, ob diese den Preis und den scheinbaren Lernerfolg wert sind. Denn: Eine Stunde spielerisches Lernen für annähernd 50 Euro sind ein schlechter Kauf.

Da erscheint eine menschliche Nachhilfe, welche für das gleiche Geld rund fünfmal länger hilft, weitaus sinnvoller. Außerdem erfolgt hier, im Gegensatz zu den Lernsoftware, eine echte Interaktion.

Die Motivation wiederum hängt, unserer Meinung nach, größtenteils von den Lernerfolgen ab. Können diese, egal ob nun bei einer guten Lernsoftware oder einem Nachhilfelehrer nicht erzielt werden, ist es sehr schwer, den Schüler überhaupt noch zum Weiterlernen motivieren zu können.

Beim Recherchieren für diesen Aufsatz sind wir auf mehrere Lernspiele gestoßen und haben einige selbst ausprobiert und sogar einen kleinen Bruder (11 Jahre) haben wir dazu „verpflichtet", einige der Spiele zu spielen.

Unser gemeinsames Resumée ist in kurze Worte zu fassen: man hat definitiv Spaß dabei, die Spiele zu spielen, jedoch ist die Aneignung des Wissens eher gering. Man hat zwar die Möglichkeit viel zu lernen, jedoch vergisst man schnell was man gerade „gelernt" hat, da man nebenbei auf das Spiel an sich konzentriert ist und versucht, hier den High Score zu knacken o.ä.

Jedoch denken wir, dass gerade bei Schülern, die in der Schule unkonzentriert sind oder Angst haben im Unterricht etwas zu sagen, Edutainment-Software hilfreich sein kann. Sie kann die Lernenden beim Lernen unterstützen, zu Hause in ihrer vertrauten Umgebung, ohne Angst, dass ein Klassenkamerad über eine falsche Antwort lacht. Und nebenbei haben die Lernenden noch den Spaß des Spiels.

Verblüfft hat mich jedoch der Fakt, dass es so wenige gute Edutainment-Programme gibt, bei denen die Kinder wirklich etwas lernen können.

Da die Schule auf gar keinen Fall abgeschafft werden darf (weil die Schüler hier auch ihr sozialen Kompetenzen im Umgang mit anderen Mitschülern erlernen), sehe ich es daher als eine wichtige Aufgabe der Pädagogik, sich mit mehr Softwarefirmen zu verständigen und ihnen dabei zu helfen, sinnvolle Edutainmentsoftware zu entwickeln und nicht die Entwicklung den Programmieren zu überlassen.

Dann können Schüler endlich sinnvoll die Edutainmentprogramme nutzen und sich am spielerischen Lernen erfreuen!

11. Quellenverzeichnis

11.1 Literaturverzeichnis

1. Feibel T., Herda S.: Thomas Feibels Großer Lern-Software-Ratgeber 2000 –
   Lernen am Computer. Markt + Technik. München. 1999

2. Fritz, Jürgen & Fehr, Wolfgang (1997): Handbuch Medien: Computerspiele,
   Theorie, Forschung, Praxis. Bonn: Bundeszentrale für politische Bildung

3. Kandler, M. (2002): Lernsoftware aus der Sicht von Schülerinnen und Schülern:
   interesse- und lernmotivationsfördernde Aspekte. Frankfurt am Main

4. Klimsa, Paul; Issing, Ludwig J.: (2002): Informationen und Lernen mit
   Multimedia und Internet. Lehrbuch für Studium und Praxis, 3., vollständige
   überarbeitete Auflage

5. Lauterbach, R. (1987). Bewertung pädagogischer Software: Der IPN
   Beurteilungsbogen. In: U.Hamayer, R. Lauterbach & H.J Waldow (ed.),
   Computer an Sonderschulen (S. 239-258). Basel

6. Landesinstitut für Schule und Weiterbildung (Hg): Kriterien zur Bewertung
   Neuer Medien, Soest 1996

7. van Lück, Willi: Lernen: Selbstorganisation und Konstruktion – Chaos und
   Ordnung, in: C+U 14/1994

8. Papert, S. (1994): Revolution des Lernens. Kinder, Computer, Schule in einer
   digitalen Welt. Hannover.

9. Schanda, F. (1995): Computer-Lernprogramme: wie damit gelernt wird; wie sie
   entwickelt werden; was sie im Unternehmen leisten. Weinheim; Basel: Beltz,

11.2 Internetseiten:

1. Bundeszentrale für politische Bildung. URL:
   http://www.medienpaedagogik-online.de/cs_older/2/00513/index.html
   (30.07.2006)

2. Institut für angewandte Kindermedienforschung. URL:
   http://www.ifak-kindermedien.de/medientipps-software-markt.htm (02.08.2006)

3. Institut für angewandte Kindermedienforschung. URL:
   http://www.fak-kindermedien.de/medientipps-software-deifinition.htm
   (02.08.2006)

4. Jasper, Dirk. URL:http://familie-im-
   web.de/familie/kinder/vivendi/gute_lernsoftware_muss_her.html
   (29.07.2006)

5. Willi van Lück. URL: http://www.medienpaedagogik-
   online.de/cs_old/8/00536/ (25.07.2006)

6. Andreas Grote: URL: http://www.heise.de/ct/schan/9816146/
   (20.07.2006)

7. Vienna CC, Internet Dienstleistungen URL:
   http://www.vienna.cc/d/artikel/gratis_report_edutainment.htm
   (01.08.2006)

8. (NRW-Bildungsserver), Arbeitsbereich „Lernen mit Neuen Medien"
   URL: http://www.Learn-Line.nrw.htm (18.07.2006)

9. Feibel, Thomas; URL:http://www.feibel.de (02.08.2006)

10. Sandra L. Calvert: URL
    http://www.morphonix.com/software/education/science/
    brain/game/brain_education_research.html; (27.07.2006)